소중한 놀이 시간을 내어
의견을 준 우리 친구들
선우, 현재, 초아, 아린
고마워요

포딩이는 가끔 머리가 뜨거워져요.

포딩이는 가끔 심장이 마구 뛰면서
팔의 힘이 세져요.

그리고 소리를 지르고 싶어져요.
"아아악!"

포딩이는 들고 있던 물건들,
옆에 있는 물건들을
다 던져버리고 싶어져요.
옆에 아무도 없었으면 좋겠어요.

이건 포딩이가 화가 났을 때
하는 생각이에요.
너도 그래요? 화가 나면 다 그런가요?

포딩이가 그럴 때면 사람들이
놀래고 도망가거나 울어요.
포딩이는 괴물이 아닌데
화가 나면 괴물 같아져요.

포동이가 말했어요.
"화가 나면 들고 있던 물건을 내려놔봐."

"그리고 눈을 감아봐."

"머릿 속으로 무지개를 생각하고
무지개를 따라
숨을 깊게 들이 쉬고 내 쉬어봐
빨간색 숨, 주황색 숨, 노란색 숨,
초록색 숨, 파란색 숨, 남색 숨, 보라색 숨
너의 숨으로 아름다운 무지개가 완성되었어."

"이제 눈을 떠봐."

"물을 한 모금 마셔볼까 아니면 마시고 싶은 음료수를 꺼내서 마셔볼까?"

"이제 느낌이 어때?
너의 앞에는 무지개가 떠 있어.
이제 손을 하늘 높이 들어서
쭈욱 늘려볼까?
고개도 이리저리 돌려보고."

포딩이는 생각했어요.
"자 이제 내가 왜 화가 났었는지
생각을 해보자
무슨 일이 있었지?"

하지만 포딩이는 아직도
머리가 뜨거웠어요.

포동이는 말했어요.
"그럼 생각하지 말고
제일 좋아하는 걸 해볼까?"

포딩이는 영화를 다 보고 나니
힘이 생겼어요
포딩이를 화나게 했던 이유들과 싸울
힘이 생겼어요.

포동이가 말했어요.
"그럼 이제 생각을 해 보자.
왜 화가 났었어?"

포딩이가 말했어요.
"나는 토끼를 잘 그리고 싶은데
그린 것들 마다 토끼같지 않아서
너무 화가 나."

포동이가 물었어요.
"내 눈에는 다 토끼 같은데
왜 토끼가 아닌거 같은거야?"

포딩이가 말했어요.
"그냥 귀가 너무 짧은거 같고
너무 통통한거 같고
내가 원하는 그림이 아니야."

포동이가 물었어요.
"토끼를 몇번 그려봤어?"
포딩이가 말했어요.
"나는 5번 그려봤어."

포동이가 말했어요.
"그럼 6번째, 7번째 토끼 그림은 더 마음에 드는 그림이 아닐까?"
포딩이는 그래도 답답했어요.
"다른 친구들은 이미 더 잘 그리는데...."

포동이가 말했어요
"그 친구들은 아마 10번을 그렸을 수도 있어.
그리고 그 친구들은 토끼를 잘 그릴지 몰라도
사진은 너만큼 잘 찍지 못해.
토끼 사진을 찍으면
너의 사진이 최고일거야!"

포딩이는 생각을 했어요.
"맞아! 나는 그림은 잘 그리지 못하지만
사진은 정말 잘 찍어!
그런데 내가 왜 화가 났을까?
나도 잘하는 것이 있는데 말이지!"
다르게 생각 해 보니까
화를 낼 일이 아니었어요!

포동이에게 가서 말을 했어요.
"날 도와줘서 고마워. 그리고
아까 내가 화가 나서 소리를 지르고
물건들을 던져서 정말 미안해."

포동이가 말했어요.
"괜찮아! 우리 화가 날 때면
무지개 숨을 쉬어서 화를 꺼보자."

우리 책을 덮기 전에 무지개 숨을 쉬어 볼까요?

빨간색 숨
주황색 숨
노란색 숨
초록색 숨
파란색 숨
남색 숨
보라색 숨

무지개 숨

초판 1쇄 발행 2021년 11월 02일

지은이_글: 함함 그림 : 솜솜
펴낸이_김동명
펴낸곳_도서출판 창조와 지식
디자인_함함/솜솜
인쇄처_(주)북모아

출판등록번호_제2018-000027호
주소_서울특별시 강북구 덕릉로 144
전화_1644-1814
팩스_02-2275-8577

ISBN 979-11-6003-393-9
정가 18,000원

이 책은 저작권법에 따라 보호받는 저작물이므로 무단 전재와무단 복제를 금지하며
이 책 내용을 이용하려면 반드시 저작권자와 도서 출판 창조와 지식의 서면동의를 받아야합니다.
잘못된 책은 구입처나 본사에서 바꾸어 드립니다.